BEI GRIN MACHT SICH IHR WISSEN BEZAHLT

- Wir veröffentlichen Ihre Hausarbeit, Bachelor- und Masterarbeit

- Ihr eigenes eBook und Buch - weltweit in allen wichtigen Shops

- Verdienen Sie an jedem Verkauf

Jetzt bei www.GRIN.com hochladen und kostenlos publizieren

Bibliografische Information der Deutschen Nationalbibliothek:

Die Deutsche Bibliothek verzeichnet diese Publikation in der Deutschen National-
bibliografie; detaillierte bibliografische Daten sind im Internet über http://dnb.d-
nb.de/ abrufbar.

Dieses Werk sowie alle darin enthaltenen einzelnen Beiträge und Abbildungen
sind urheberrechtlich geschützt. Jede Verwertung, die nicht ausdrücklich vom
Urheberrechtsschutz zugelassen ist, bedarf der vorherigen Zustimmung des Verla-
ges. Das gilt insbesondere für Vervielfältigungen, Bearbeitungen, Übersetzungen,
Mikroverfilmungen, Auswertungen durch Datenbanken und für die Einspeicherung
und Verarbeitung in elektronische Systeme. Alle Rechte, auch die des auszugsweisen
Nachdrucks, der fotomechanischen Wiedergabe (einschließlich Mikrokopie) sowie
der Auswertung durch Datenbanken oder ähnliche Einrichtungen, vorbehalten.

Impressum:

Copyright © 2008 GRIN Verlag, Open Publishing GmbH
Druck und Bindung: Books on Demand GmbH, Norderstedt Germany
ISBN: 9783668349148

Dieses Buch bei GRIN:

http://www.grin.com/de/e-book/142710/ist-die-gesellschaft-an-allem-schuld-
ueberlegungen-zur-primaeren-und-sekundaeren

Heike Meyer

Ist die Gesellschaft an allem Schuld? Überlegungen zur primären und sekundären Devianz nach Edwin Lemert

GRIN Verlag

GRIN - Your knowledge has value

Der GRIN Verlag publiziert seit 1998 wissenschaftliche Arbeiten von Studenten, Hochschullehrern und anderen Akademikern als eBook und gedrucktes Buch. Die Verlagswebsite www.grin.com ist die ideale Plattform zur Veröffentlichung von Hausarbeiten, Abschlussarbeiten, wissenschaftlichen Aufsätzen, Dissertationen und Fachbüchern.

Besuchen Sie uns im Internet:

http://www.grin.com/

http://www.facebook.com/grincom

http://www.twitter.com/grin_com

Universität Lüneburg

Fachbereich Sozialwesen

Seminar

Soziologie abweichenden Verhaltens

- 5. Semester -

Hausarbeit

Letztendlich ist die Gesellschaft an allem Schuld?

- Überlegungen zur primären und sekundären Devianz von Edwin M. Lemert -

Vorgelegt von: Heike Meyer

Inhaltsverzeichnis

1. Einleitung 4
2. Symbolischer Interaktionismus als theoretische Grundlage 5
3. Primäre und sekundäre Devianz 6
4. Verlaufsmodell einer kriminellen Karriere nach Lemert 9
5. Die Rolle der Gesellschaft 11
6. Überlegungen zum Erklärungsansatz von Lemert 13
7. Literaturverzeichnis 15

1. Einleitung

Bis in den 1960er Jahren wurden in Deutschland die ätiologischen Ansätze zur Ursachenanalyse kriminellen Verhaltens nicht hinterfragt. Das änderte sich, als die Labeling-Perspektiven[1] in Deutschland bekannt und weiterentwickelt wurden. Systematisch formulierte sie erstmals Edwin M. Lemert 1951.[2] Sein Ansatz bezeichnet abweichendes Verhalten als ein Produkt von gesellschaftlichen Interaktions- und Reaktionsprozessen. Lemert problematisierte damit erstmals zahlreiche neue Dimensionen, die an der Bildung einer kriminellen Karriere beteiligt sein können.[3] Die bisherigen Ansätze erklärten Kriminalität stets von der Voraussetzung eines feststellbaren Unterschiedes zwischen konformen und nonkonformen Verhalten. Lemert sah jedoch nicht das individuelle Verhalten als Erklärung abweichender Verhaltensweisen, sondern die gesellschaftlichen Reaktionen, welche an das Individuum herangetragen werden. Plötzlich standen insbesondere die Institutionen der sozialen Kontrolle, wie z.b. die Polizei, Staatsanwälte,[4] Richter oder Sozialarbeiter als Verursacher krimineller Karrieren zur Debatte. Lemert stellte mit seinen Überlegungen die Täterzentriertheit radikal in Frage und löste eine jahrzehntlang andauernde Fachdiskussion und Weiterentwicklung der Labeling-Perspektiven aus. Nicht der deliquente Jugendliche mit seinen Erziehungsdefiziten hat Schuld an seinem devianten Verhalten, sondern erst die Polizei, das Jugendamt oder der Bewährungshelfer verhelfen ihm zur kriminellen Karriere. Letzendlich ist die Gesellschaft an allem Schuld?

Im ersten Kapitel wird zunächst der theoretischen Ausgangspunkt dargelegt. Anschließend wird der Erklärungsansatz von Edwin M. Lemert zum abweichendem Verhalten vorgestellt. Insbesondere seine primäre und sekundäre Devianz und sein Verlaufsmodell zu einer kriminellen Karriere werden detailliert erklärt. Im Folgendem wird die Rolle der Gesellschaft veranschaulicht, denn für Lemert kann die sekundäre Devianz nicht ohne die soziale Kontrolle verstanden werden. Abschließend erfolgt eine Zusammenfassung und Gesamtbewertung des Erklärungsansatzes von Lemert.

---

[1] Unter dem Begriff der Labeling-Perspektive werden hier alle interaktionistischen Ansätze subsumiert.

[2] Es ist fachlich umstritten, ob Lemert oder Becker den devianzsoziologischen Ansatz zuerst nach Tannenbaum wieder aufgegriffen hat. Lemert hat ihn jedoch als erstes systematisch formuliert.

[3] Vgl. Peuckert, Rüdiger. S. 115

[4] Lediglich um den Lesefluss zu erleichtern, wird auf die Nennung beider Geschlechter verzichtet. Gemeint ist immer auch die weibliche Form.

2. Symbolischer Interaktionismus als theoretische Grundlage

Nach Mead und später Blumer entwickelt sich der Mensch zu einem geistig begabten Individuum, welches zu selbst gestaltendem Handeln fähig ist. Über diverse wechselseitige Interaktionen mit signifikanten Anderen und einer eigenen Auseinandersetzung, bildet das Individuum ein Selbstbewußtsein (self). Das „self" wird aus dem Produkt von „I" und „me" konstituiert, d.h. durch die Sichtweise seiner selbst (I) und der gesellschaftlich entgegengebrachten Einschätzung (me). Als Resultat der Interaktionen entsteht (neues) Handeln, die Beherrschung unterschiedlicher Rollen und insgesamt eine gelungene Sozialisation mit Befähigung zu sozialen Kompetenzen.[5] Die soziale Interaktion ist nur möglich, weil das Individuum fähig ist, durch interagieren mit sich selbst, auf einen Prozeß der Rollenübernahme einzugehen. Sobald ein Mensch eine Interaktion mit sich selbst eingeht, wird der Entwurf von neuen Handlungsplänen ermöglicht. In den Prozessen der Rollenübernahme kann das Individuum in den eigenen Handlungen die Aspekte der signifikanten Anderen mitberücksichtigen. In Interaktionen findet der Prozeß doppelt statt. Zum einen zeigt das Individuum wie die anderen handeln sollen und zum anderen werden selbst die Aspekte der anderen interpretiert. Der Mensch ist sowohl Handelnder als auch Reagierender, er antwortet auf seine Umwelt und läßt sich selbst anregen. Individuen innerhalb einer Sozialstruktur rufen damit gegenseitige Erwartungen in Bezug auf gegenseitiges Verhalten hervor. Sie schaffen so verinnerlichte Erwartungen in Bezug auf ihr eigenes Verhalten und entwickeln ein Selbst, das aus unterschiedlichen Identitäten und Rollen besteht. Die Identitätsbildung motiviert wiederum Kräfte, die zu einem Verhalten antreiben, welches die Rollen oder Identitäten darstellen.[6] Werden einem Individuum negative Definitionen zugeschrieben, so kann das zukünftige Verhalten dieser Person eine abweichende Identität entwickeln. Die „I" Leistungen werden von den „me" Definitionen verdrängt (vgl. Abb.1). Das „me" verfestigt sich und damit die abweichende Identität.[7] Wie Lemert darauf seine Grundüberlegungen präzisierte, soll nachfolgend beschrieben werden.

---

[5] Vgl. Kraimer, Klaus. S. 26-31
[6] Vgl. ebd. S. 26-31
[7] Vgl. Ferchhoff, Wilfried/Peters, Friedhelm. S. 63 f.

3. Primäre und sekundäre Devianz

Die klassischen Erklärungsansätze gehen von der Grundannahme aus, dass zwischen konformen und nonkonformen Verhalten ein Unterschied besteht. Sie versuchen die biologischen, psychischen, physischen oder soziologischen unterschiedlichen Bedingungen aufzudecken und sehen in diesen Faktoren die Ursache abweichenden Verhaltens.[8] Lemert führt an, "The deviant person is a product of differentiating and isolating processes."[9] Differenzierung und Isolation findet bei vielen bereits seit Geburt aufgrund von körperlichen oder geistigen Beeinträchtigungen, der Zugehörigkeit zu einer Minderheit oder zu einer benachteiligten sozialen Schicht statt. Abweichungen sind in dieser Hinsicht Ergebnis eines unbewussten Prozesses. Im Jugend- und Erwachsenenalter sind Abweichungen dagegen häufiger das Ergebnis eines bewussten, schrittweisen Prozesses, wobei es aber auch abrupte, traumatische Änderungen geben kann, wie z.b. der Tod eines geliebten Menschen. Lemert geht davon aus, dass zwischen Abweichlern und Konformen kein Unterschied besteht, lediglich die Zuschreibungsprozesse variieren, denn nicht alle Personen einer bestimmten Kategorie werden unabhängig vom jeweiligen Kontext in gleicher Weise als abweichend definiert.[10] Er unterscheidet dabei zwischen primärer und sekundärer Devianz. Die primäre Devianz spielt in seinen Schriften eine untergeordnete Rolle.[11] Die Ursachen für die primäre Abweichung sieht Lemert multifaktoriell bedingt und kann z.b. aus den sozialen, kulturellen, psychischen oder physischen Komponenten resultieren.[12] Primäre Devianz wirkt sich nur am Rande auf die Identitätsbildung des Abweichlers aus. Die sich ergebenen Probleme werden entweder durch Verharmlosung kompensiert oder durch Steuerung und Kontrollen kanalisiert.[13] Die sekundäre Devianz entsteht als Folge einer bestimmten vorgenommenen Rollenzuschreibung seitens der sozialen Umwelt. Die Zuschreibungsprozesse konstituieren sich, bis sie zur sozialen Wirklichkeit werden. „Das Kind ist nicht böse, sondern es wird als böse eingestuft, der Jugendliche wird zum Kriminellen gemacht, weil seine Tat als kriminell etikettiert wird."[14] Lemert will aufzeigen,

---

[8] Vgl. Peuckert, Rüdiger. S. 112

[9] Lemert, Edwin (1951). S. 73

[10] Vgl. Peuckert, Rüdiger. S. 116

[11] Vgl. Lamneck, Siegfried. S. 228

[12] Vgl. Kraimer, Klaus. S. 150

[13] Vgl. Lemert, Edwin (1974). S. 433

[14] Böhnisch, Lothar. S. 63

dass gesellschaftliche Interaktionen, die Verhalten einerseits als abweichendes Verhalten und andererseits als konformes Verhalten definieren, ausschlaggebend für Kriminalität und abweichendes Verhalten sind. Wird z.B. eine ältere, sehr gepflegte Dame bei einer Fahrkartenkontrolle im Zug ohne Fahrschein angetroffen, so wird die Umwelt ihr Verhalten als „vergesslich und zerstreut" definieren und ihr keinen Missbrauch unterstellen. Wird dagegen ein unrasierter, übel riechender, schlecht gekleideter Mann im Zug ohne Fahrschein erwischt, so wird die Umwelt ihn als „asozialen Schwarzfahrer" definieren und einen Missbrauch unterstellen. Im Laufe von sich wiederholenden Prozessen wird das Individuum diese Rollenzuschreibung akzeptieren, übernehmen, verinnerlichen und schließlich auch danach handeln. Dabei spielen der kulturelle Kontext und die bisherige Sozialisation eine Rolle, denn inwieweit bestimmte Verhaltensweisen wahrgenommen und darauf reagiert wird, unterscheidet sich von Gesellschaft zu Gesellschaft und von Subjekt zu Subjekt. So wird z.B. Homosexualität oder Polygamie nicht in allen Gesellschaften gleich wahrgenommen und sanktioniert.[15] Der Verlaufsprozess und die Dynamik einer Rollenübernahme hängen von verschiedenen Faktoren ab, z.B. von der Art der Regelverletzung, dem Machtgefälle zwischen Abweichler und Etikettierer, vom Öffentlichkeitscharakter, von der Häufigkeit und Dauer sowie diversen subjektiven Gegebenheiten auf Seiten des Abweichlers, wie z.B. psychische Stabilität oder Akzeptanz der zugewiesenen Rolle. Die Reaktionen der Umwelt beeinflussen die Person derart, dass psychische Strukturen, soziale Rollen und Einstellungen gegenüber sich selbst in spezifischer Weise verändert werden. Die daraus resultierenden Handlungen der Rollenübernahme und die Selbsteinschätzung machen die sekundäre Devianz aus. Das Leben, die Identität und das Handeln eines sekundär abweichenden Menschen ist nach Lemert von der sogenannten Realität der Devianz bestimmt.[16] Lemert sieht insbesondere in den Institutionen mit Kontrollauftrag die Gefahr einer unangemessenen Behandlung und einer Stigmatisierung des Abweichlers, z.B. mittels rein formellen Verfahrensabläufen, dem Mangel an Personal, der spezifischen Eigenheiten der einzelnen Machthaber oder ganzer Institutionen. Institute der Kontrolle führen mit ihren unangemessenen Behandlungen nicht zu einer Verminderung abweichenden Verhaltens, sondern erschaffen sie erst. Ist eine Person z.B. durch eine Kontrollinstitution als deviant stigmatisiert oder etikettiert, so wird sie durch die Reaktionen der Umwelt gezwungen, sich mit diesem Etikett auseinander zusetzten. Lemert sieht in diesen

---

[15] Vgl. Lamneck, Siegfried. S. 226 f.
[16] Vgl. Peuckert, Rüdiger. S. 117

Interaktionsprozessen einen direkten Zusammenhang zwischen den Reaktionen der Umwelt, dem anschließenden inneren Dialog des Abweichlers und seinen daraus resultierenden weiteren abweichenden Handlungen und Verhaltensweisen. Nach Lemert hat dieser Prozess der Zuschreibung einen erheblichen Einfluss auf die Sozialisationsvorgänge von Individuen, welche sich nun selbst als Abweichler begreifen. Die Zerstörung von bisher konformen bestehenden Rollen ist wahrscheinlich, die vorherige Selbstdefinition der Person weicht der Fremddefinition.

Die dabei entstehende Diskrepanz zwischen Selbstdefinition und Fremddefinition wird aufgelöst, indem die Person eine zugeschriebene Rolle einnimmt und damit eine Veränderung der subjektiven Identität erfährt.[17] Bevor es zu einer Identitätsveränderung kommt, werden die aus der primären Abweichung resultierenden Differenzen im Individuum im Dialog angegangen und bis zu einem gewissen Grad auch bewältigt. Diesen Vorgang nennt Lemert „normalization". Erst wenn „normalization" nicht mehr problemlos stattfindet, ist mit der Konstitution einer neuen, jetzt abweichenden Rolle, zu rechnen.[18] In Art einer Spirale können sich die Zuschreibungsprozesse aufschaukeln und dabei stabilisieren. Das Individuum kann, je nach Abweichung und Sanktionsart, die entstehenden Differenzen nicht mehr ausgleichen und verhält sich sekundär abweichend. Daraufhin folgen Strafen und weitere Abweichungen, dann stärkere Strafen gefolgt von einer Verfestigung des abweichenden Verhalten (vgl. Abb.1). Letzendlich wird die zugeschriebene Rolle akzeptiert, verinnerlicht und nach außen getragen.[19] Eine einmal determinierte, zugeschriebene, deviante Rolle ist nicht irreversibel.[20] Bei expliziter Rezeption des symbolischen Interaktionismus läßt sich schlussfolgern, dass das Individuum Möglichkeiten besitzt, den Zuschreibungsprozess anders zu interpretieren. Der Interaktionsprozeß ist ein vom Etikettierer und Abweichler aktiv gestalteter Vorgang.[21] Der Vorgang ist zwar abhängig von verschiedenen Faktoren, wie z.B. dem Machtgefälle zwischen dem Etikettierer und Abweichler, dem Öffentlichkeitscharakter, dem Ausmaß der Übernahme, der Dauer, Intensität und Häufigkeit der Zuschreibungen sowie der psychischen Belastbarkeit des

---

[17] Vgl. Lamneck, Siegfried. S. 227 f.

[18] Vgl. Ferchhoff, Wilfried/Peters, Friedhelm. S. 66 f.

[19] Vgl. Lamneck, Siegfried. S. 228

[20] a.A.: Nach Kraimer ist in einem einmal konstituierten, dynamischen Interaktionsprozeß eine Neutralisierung des Verhaltens und dessen Uminterpretation nicht mehr möglich.

[21] Vgl. Ferchhoff, Wilfried/Peters, Friedhelm. S. 65

Abweichlers.[22] Entscheidend für einen weiteren Identitätswandel ist jedoch ein veränderter interaktiver Umgang mit dem Abweichler, welcher zu einer neuen Rollenübernahme führen kann. Nachfolgend wird das Verlaufsmodell einer kriminellen Karriere nach Lemert skizziert.

4. Verlaufsmodell einer kriminellen Karriere nach Lemert

Die Entstehung einer neuen Identität setzt einen Zwang vorraus, sich mit den Zuschreibungen des Etikettierers auseinander zu setzten. Der Transformations-prozeß ist von zu leistenden Adaptionszwängen auf Seiten des Abweichler gekennzeichnet.[23] „They [die Wirkungen der Zuschreibungen] become central facts of existence for those experiencing them, altering psychic structure, producing spezialized organization of social roles and self-regarding attitudes."[24] Nach Lemert verläuft der Konstitutionsprozeß in acht Stufen:

1. "primary deviation,
2. social penalties,
3. further primary deviation,
4. stronger penalties and rejection,
5. further deviation, perhaps with hostilities and resentment beginning to the focus upon doing the penalizing,
6. crisis reached in the tolerant quotient, expresses in formal action by the community stigmatizing of the deviant,
7. strengthening of the deviant conduct as a negative reaction to the stigmatizing and penalties,
8. ultimate acceptance of deviant social status and efforts at adjustment on the basis of the associated role."[25]

---

[22] Vgl. Kraimer, Klaus. S. 151

[23] Vgl. Ferchhoff, Wilfried/Peters, Friedhelm. S. 67

[24] Lemert, Edwin (1967): Human Deviance, Sociale Problems, and Sociale Control, S. 40. Zitiert in: Ferchhoff, Wilfried/Peters, Friedhelm. S. 67-68

[25] Lemert, Edwin (1951). S. 77

Lemert geht von einer fortlaufenden Wechselwirkung zwischen abweichenden Verhalten und einer Reaktion der Gesellschaft aus. Ab einem bestimmten Punkt gelingt die Integration des Individuums von Seiten der Gesellschaft nicht mehr. Als Indikatoren für den Übergang in die sekundäre Devianz nennt er einen „eingeengten Handlungsspielraum" sowie Einschränkungen des „Symbol- und Aktionsfeldes".[26] Lemert führt an, dass eine "crisis reached in the tolerant quotient, expresses in formal action by the community stigmatizing of the deviant".[27] Dieser sogenannte gesellschaftsbezogene Krisenpunkt zeigt an, dass jetzt eine Anerkennung des Abweichlers in eine gesellschaftlich konforme Rolle, das eigene gesellschaftliche Normensystem in Frage stellen würde und daher unmöglich macht. Die Gesellschaft schafft stabile Typisierungsschemata bei bestimmten Devianzformen, wie z.B. Sexual- oder Gewaltdelikte. Eine Reintegration ist von Seiten der Gesellschaft ab diesem Verlaufsmerkmal höchstwahrscheinlich nicht mehr zu verwirklichen. Werden nun diese Typisierungsschemata in das „self" eines Individuums übernommen, kann das „me" das „I" überdecken und zu einer neuen Rollenbildung und Identität führen (s.o.). Resultieren weitere Verhaltensweisen eines Indivuduums aus dem neuen Rollenbild und nicht mehr aus einem situativen Kontext heraus, so bezeichnet Lemert diese devianten Verhaltensweisen als Handlungen sekundärer Art.[28] Das Individuum bleibt solange in der primären Devianz, wie es selbst oder seine Umwelt die Verhaltensauffälligkeiten, z.B. mittels Neutralisierungstechniken, uminterpretieren kann. Die Möglichkeit einer Normalisierung sieht Lemert insbesondere im Familienverband, wo viel mehr Verhaltensweisen gelebt und als normal betrachtet werden. Erst mit einem Treffen von Regeln außerhalb des Familiensystems, z.B. im Kindergarten oder in der Schule, werden die auffälligen Verhaltensweisen bewußt.[29]

Nach Lemert sind die Reaktionen und Zuschreibungsprozesse der Gesellschaft, insbesondere von den Instanzen der sozialen Kontrolle, auf das Individuum von erheblicher Qualität und ausschlaggebend für die Identitätsentwicklung und die Rollenfindung. Die soziale Kontrolle steht in einer engen Wechselbeziehung mit abweichendem Verhalten, das eine kann nicht ohne das andere verstanden werden.[30] Im Folgenden wird daher die die Rolle der Gesell-

---

[26] Vgl. Ferchhoff, Wilfried/Peters, Friedhelm. S. 67
[27] Vgl. Lemert (1951). S. 77
[28] Vgl. Ferchhoff, Wilfried/Peters, Friedhelm. S. 68-69
[29] Vgl. Keupp, Heinrich. S. 81-83
[30] Vgl. Lamneck, Siegfried. S. 264

schaft, bezogen auf die soziale Kontrolle und die Wechselbeziehungen zu abweichenden Verhalten, thematisiert.

5. Die Rolle der Gesellschaft

Seitdem in den 1970er Jahren anerkannt wurde, dass die soziale Kontrolle[31] in einer engen Wechselbeziehung mit abweichendem Verhalten steht, hat sich die Forschung verlagert und bezieht die Reaktionsweisen in die Analyse abweichenden Verhaltens mit ein. Bei der Analyse abweichenden Verhaltens wird die jeweils zugrunde liegende Situation zum Gegenstand der Beobachtung, da sich abweichende Verhaltensweisen erst in und aus Situationen heraus konstituieren.[32] Die Grundfrage in der Beobachtung lautet nicht mehr, wie abweichendes Verhalten durch das Intervenieren von Institutionen der sozialen Kontrolle verhindert oder minimiert werden kann, sondern wie Prozesse der Normsetzung und Normanwendung abweichendes Verhalten erzeugen oder stabilisieren.[33] Soziale Kontrolle erfährt nach Peters seine Funktion insbesondere, wenn gesellschaftliche Abläufe nicht mehr wie gewünscht funktionieren und Maßnahmen ergriffen werden, um konformes Verhalten wieder herzustellen. Kriterien zur Bestimmung der sozialen Kontrolle sind demnach Reaktionen der Gesellschaft auf erwartetes oder praktiziertes abweichendes Verhalten, um das unerwünschte Verhalten zu verhindert oder zu minimieren. Verhindern oder minimieren heißt dabei nicht zwangsläufig, den Abweichler zum konformen Handeln zu bewegen. Auch verschiedene ökonomische, räumliche oder soziale Ausschlussstrategien, wie z.B. Gefängnisse, Sicherungsverwahrungen, Wohnghettos oder Obdachlosenheime, fallen unter den Begriff der sozialen Kontrolle.[34] Soziale Kontrolle ist fester Bestandteil der gesellschaftlichen Ordnung, sie ist Reaktion auf abweichendes Verhalten und erfüllt mehrere Funktionen. Soziale Kontrolle sanktioniert abweichendes Verhalten, um die gesellschaftliche Ordnung aufrecht zu erhalten, um das Gemeinwohl zu sichern, um Normen einen hohen Wirkungsgrad zu geben und um das Strafbedürfnis der Gesellschaft zu befriedigen. Institute der sozialen Kontrolle sind z.B. die Familie, der Kindergar-

---

[31] Soziologisch bezeichnet Soziale Kontrolle jede positive (Belohnung) oder negative (Bestrafung) Reaktion als Sanktion auf ein gezeigtes Verhalten (vgl. Lamneck: 23).
[32] Vgl. Lamneck, Siegfried. S. 264
[33] Vgl. Peuckert, Rüdiger. S. 116
[34] Vgl. Peters, Helge. S. 129-132

ten, die Schule, die Polizei, der Strafvollzug, das Gesundheitswesen oder die soziale Arbeit.[35] Nach Lemert sind die Wirkungen der Reaktionen einer Gesellschaft, insbesondere von den Instanzen der sozialen Kontrolle, auf das Individuum von erheblicher Qualität und ausschlaggebend für die Identitätsentwicklung und die Rollenfindung. Die Wirkungen der sozialen Kontrolle verringern zum einen die sozialen Teilnahmechancen von Individuen und zum anderen degradieren sie ihn und können einen Prozess der Identitätswandlung einleiten oder weiterentwickeln.[36] Die Instanzen der sozialen Kontrolle bewerten gleiche Verhaltensweisen sowohl als abweichend sowie auch als konform und wirken somit selektiv. Die Dunkelfeldforschung machte Bedingungen sichtbar, unter denen bestimmte Individuen zu Abweichlern degradiert wurden und andere, mit den gleichen Verhaltensweisen, jedoch nicht. Die Individuen, die zu Abweichlern abgestempelt wurden, sind in ihrem eigenem Spielraum der Selbstdefinition derart eingeschränkt, dass sie entgegen dem eigenen Erleben solche Zuschreibungen übernehmen und internalisieren können. Sie sind dann letztendlich zu den Kriminellen oder den faulen Schülern geworden, für die man sie schon immer gehalten hat. Kriminalität ist somit ein Produkt sozialer Zuschreibungsprozesse und keine bestimmte Handlung. Individuelle, z.B. gewalttätige Handlungsweisen werden damit nicht unbedeutend, jedoch ist für die Identitätsentwicklung des Individuums entscheidend, wie sie gesellschaftlich bewertet werden. Nach Lemert seiner Definition zur sekundären Devianz schafft die Gesellschaft mit ihren Reaktionen erst den Abweichler, auf den sie dann wiederum mit Sanktionen reagiert.[37] „Gesellschaftliche Macht hat sich dabei als konstitutives Element sozialer Kontrolle erwiesen, das Einfluß nimmt auf die gesellschaftlichen Definitionen von `Devianz`, die sich im Rekurs auf die allgemeinen Normen konkretisieren."[38] Aus der gesellschaftlichen Machtverteilung resultiert, welche Normen gelten, durchgesetzt und sanktioniert werden. Die Definition abweichenden Verhaltens bekommt damit einen politischen Charakter. Soziale Gruppierungen mit Machtfaktoren schaffen Regeln, deren Verletzungen eine Abweichung konstituieren. Indem diese Regeln nur auf bestimmte Individuen angewendet werden und sie somit als Außenseiter definieren, ist Abweichung nicht das Merkmal einer individuellen Handlung, sondern die

---

[35] Vgl. Balluseck, Hilde von. S. 80-101
[36] Vgl. ebd. S. 132
[37] Vgl. Böhnisch, Lothar. S. 63-64
[38] Keckeisen, Wolfgang. S. 109

Anwendung von Regeln und Sanktionen durch Personen oder Gruppen mit einem Machtfaktor gegenüber ausgewählten Individuen.[39]

6. Überlegungen zum Erklärungsansatz von Lemert

Lemert beschreibt erstmals den Prozess der Verfestigung devianter Verhaltensmuster. Durch die Anpassung des Individuums vollzieht sich die von der Gesellschaft zugeschriebene Rollenübernahme. In der letzten Konsequenz kommt es dabei zur Übernahme einer kriminellen Identität. Seinen Ausführungen liegen dabei die Annahmen der durch Mead und Blumer geprägten Theorie des symbolischen Interaktionismus zugrunde. Das ursprünglich, durchaus ätiologisch bedingte, abweichende Verhalten nennt Lemert primäre Devianz. Sie spielt für ihn eine untergeordnete Rolle. Die sekundäre Devianz und damit eine kriminelle Identität manifestieren sich erst in Folge der Reaktionen einer sozialen Kontrolle. Die Reaktionen machen dem Individuum durch Zuschreibungen seinen Status bewusst und führen zu einer neuen abweichenden Handlungsrolle. Die sozialen Kontrolle antwortet mit immer stärker werdenden Sanktionen und der Abweichler reagiert mit Widerstand oder Anpassung. Letztendlich ist es für das Individuum unmöglich, sich der zugeschriebenen Definitionen zu entledigen, sie drücken ihn soweit in die kriminelle Rolle hinein, bis er diese letztlich angenommen hat und den dazugehörenden Handlungen sowie Erwartungen entspricht.

Lemert hat Vieles in seinen Überlegungen im Unklaren gelassen, er bleibt oberflächlich und geht nicht in die Tiefe. Unklar ist z.B., ob der entscheide Anteil bei der Entstehung der sekundären Devianz mehr in den sozialen Reaktionen oder in der Veränderung der subjektiven Identität der Person liegt oder ob der Aufschaukelungsprozess generell, subjektiv oder gesellschaftsbezogen irreversibel ist. Lemert beschreibt außerdem nicht, welche Art von Reaktionen auf die Identitätsentwicklung eines Individuums Einfluss nimmt oder wie häufig und intensiv die Reaktionen erfolgen müssen, bis es zur sekundären Devianz kommt. Lemert vernachlässigt die Ursachen der primären Devianz und vermittelt damit den Eindruck, ätiologische Hintergründe wären unrelevant für die Entstehung der sekundären Devianz. Damit sagt er implizit aus, dass es deliquentes Verhalten ohne die sekundäre Devianz nicht geben würde und negiert damit die Relevanz der ätiologischen Theorien. Nach Lemert ist der Mensch machtlos den „Machenschaften" der Gesellschaft ausgesetzt. Er widerspricht damit der interaktionistischen

---

[39] Vgl. Bonstedt, Christoph. S. 38

Grundannahme, dass der Mensch fähig ist selbst zu handeln. Auch ist die Tatsache, dass nicht alle Straftäter mit den gleichen Sanktionen belegt werden, kein Beweis dafür, dass Kriminalität erst durch die Sanktionen entsteht, sondern vielmehr ein Ausdruck dafür, dass die Institutionen der sozialen Kontrolle unfähig sind, ihre Funktion vollständig zu erfüllen. Lemert seine Ansicht, abweichendes Verhalten allein als das Ergebnis eines Definitionsprozesses zu qualifizieren, läßt das Handeln der Kontrollinstanzen willkürlich erscheinen. Nach Lemert seinen Ausführungen werden Präventionsmaßnahmen überflüssig, denn ein kriminelles Verhalten ensteht erst durch Interventionen. Seine überlegungen fordern im Kern das Nichts-Tun, die Non-Intervention. Die Non-Intervention, ein Ignorieren, wirkt aus lerntheoretischer Sicht jedoch als positiver Verstärker für das unerwünschte Handeln. Anzuerkennen ist Lemert, dass er mit seinem Erklärungsansatz die Ursachenforschung von abweichendem Verhalten auf neue, bis dato, unbeachtete Aspekte gelenkt hat. Eine wissenschaftlich fundierte Fall- oder Ursachenanalyse kommt seitdem nicht mehr ohne die Beachtung der ätiologischen Hintergründe _und_ der Labeling-Perspektive aus. Die Labeling-approach-Perspektive hat das Forschungsinteresse auf die Polizei und Justiz bzw. das Handeln aller der am Strafverfahren beteiligten Vertreter und später auch auf das Anzeigeverhalten erweitert. Untersucht wurden Etikettierungs- und Stigmatisierungsprozesse mit ihren möglichen Folgen. Sie führten zu vielen Veränderungen, z.B. in den Bereichen der Jugendstrafen sowie Heimerziehung. Die Heimerziehung, als stationäre Jugendhilfemaßnahme des JWG, wich den ambulanten Erziehungshilfen des KJHG und im Jugendstrafrecht wurden die Diversion und die ambulanten Erziehungsmaßregeln implementiert. Letztendlich ist die Gesellschaft an allem Schuld? Unklar bleibt bei der Frage, was und wer die Gesellschaft ist und auf welche Art und Weise sie an allem schuld sein könnte. Fakt ist, dass wir in einer bestimmten Gesellschaft groß geworden sind, die uns prägt und die wir prägen. Eine Gesellschaft übt diverse Funktionen aus. Man kann sich anpassen und man kann Widerstand leisten. Die Gesellschaft bestimmt, welches Handeln Vorteile und welches Nachteile bringt. Je nachdem welche Normen in der Gesellschaft vorherrschen sind wir Helden oder Kriminelle. Wir können unser Handeln und unsere Identität frei wählen, wie wir jedoch dabei beurteilt werden, bestimmt die Gesellschaft.

7. Literaturverzeichnis

BALLUSECK, Hilde von (1978): Abweichendes Verhalten und abweichendes Handeln. Frankfurt a. M., New York.

BONSTEDT, Christoph (1977): Organisierte Verfestigung abweichenden Verhaltens. Eine Falluntersuchung. München.

BÖHNISCH, Lothar (1999): Abweichendes Verhalten. Eine pädagogisch-soziologische Einführung. Weinheim und München.

FERCHHOFF, Wilfried/PETERS, Friedhelm (1981): Die Produktion abweichenden Verhaltens. Zur Rekonstruktion und Kritik des Labeling Approach. Bielefeld.

KECKEISEN, Wolfgang (1976): Die gesellschaftliche Definition abweichenden Verhaltens. Perspektiven und Grenzen des labeling approach. München.

KEUPP, Heinrich (1976): Abweichung und Alltagsroutine. Die Labeling-Perspektive in Theorie und Praxis. Hamburg.

KRAIMER, Klaus (1985): Abweichendes Verhalten als Gegenstand Alltags- und Interaktionstheoretischer Erziehungswissenschaft. Frankfurt am Main, Bern, New York.

LAUB, John (1979): Criminology in the Making. Interview with Edwin M. Lemert. In: http://www.sonoma.edu/ccjs/info/emljl.html (12.02.2008)

LEMERT, Edwin (1951): Social Pathologie. A systematic approach to the theory of sociopathic behavior. New York, Toronto, London.

LEMERT, Edwin (1974): Der Begriff der sekundären Devianz. In: LÜDERSEN, K./SACK, Fritz (Hrsg.): Seminar abweichendes Verhalten I. Die selektiven Normen der Gesellschaft. 2. Aufl., Frankfurt am Main.

LAUB, John (1979): Criminology in the Making. Interview with Edwin M. Lemert. In: http://www.sonoma.edu/ccjs/info/emljl.html (24.01.2008)

LAMNEK, Siegfried (2007): Theorien abweichenden Verhaltens I. 8. Auflage, Paderborn.

PETERS, Helge (1995): Devianz und soziale Kontrolle. Eine Einführung in die Soziologie abweichenden Verhaltens. Weinheim und München.

PEUCKERT, Rüdiger (2006): Abweichendes Verhalten und soziale Kontrolle. In: KORTE, Herman/SCHÄFERS, Berhard (Hrsg): Einführung in die Hauptbegriffe der Soziologie. Wiesbaden, S. 105-126

BEI GRIN MACHT SICH IHR WISSEN BEZAHLT

- Wir veröffentlichen Ihre Hausarbeit, Bachelor- und Masterarbeit

- Ihr eigenes eBook und Buch - weltweit in allen wichtigen Shops

- Verdienen Sie an jedem Verkauf

Jetzt bei www.GRIN.com hochladen und kostenlos publizieren